Couvertures supérieure et Inférieure manquantes.

GUIDE

POUR

SAIL-LES-BAINS

DIT

LES CHATEAU-MORAND

Vue de l'Établissement thermal de Sail-les-Bains.

GUIDE

POUR

SAIL-LES-BAINS

DIT

LES CHATEAU-MORAND

(LOIRE)

PARIS

TYPOGRAPHIE E. BICHERON, 18, RUE D'ENGHIEN

1879

SAIL-LES-BAINS

NOTICE HISTORIQUE

A l'extrémité nord du département de la Loire et adossé contre une des dernières ramifications de cette branche des Cévennes qui va se perdre insensiblement dans les plaines du Bourbonnais, se trouve un petit village appelé *Sail-les-Bains,* que la nature semble avoir comblé de toutes ses faveurs. Immenses prairies s'étendant tout autour, vertes forêts de sapins couronnant les montagnes environnantes, rivière aux eaux pures et limpides se précipitant des montagnes en cascades bruyantes, puis s'éloignant lentement dans un lit sinueux au travers de la verte prairie qu'elle arrose ; telles sont les richesses naturelles qui suffiraient à elles seules pour faire de ce joli village un lieu plein d'agrément et de charmes. Mais la nature, nous l'avons dit, s'est montrée prodigue envers Sail ; elle lui a fait présent d'une source de richesses bien plus féconde encore que la fertilité de son sol et plus avantageuse que la beauté de son site Ce sont des eaux minérales d'une abondance, d'une vertu et d'une variété que n'offre assurément aucun autre lieu en France.

Sail est situé sur le chemin de fer du Bourbonnais, au centre d'un réseau ferré, qui peut lui amener facilement les voyageurs du nord et du midi de l'Auvergne et de l'Allier ; Sail se trouve à dix heures de Paris, à quatre heures de Saint-Etienne, et à trois heures de Lyon.

La station la plus rapprochée de Sail-les-Bains est Saint-Martin-d'Estréaux ; la distance qui l'en sépare n'est pas même de cinq kilomètres, et la route qui les relie offre aux voyageurs des aspects ravissants et toujours nouveaux.

Six sources de nature différente jaillissent du sol sur une étendue de quelques centaines de mètres carrés à peine : les unes alcalines iodurées, les autres sulfureuses chaudes, celles-ci ferrugineuses froides, celles-là ferrosulfureuses.

Une telle richesse ne pouvait rester ignorée et stérile ; aussi, dès la plus haute antiquité, les Romains s'empressèrent-ils de l'exploiter. Des débris de maçonneries gallo-romaines, des médailles, merveilleusement conservées, aux effigies de l'empereur Vespasien et des Antonins, retrouvées scellées dans les fondations, et de magnifiques travaux d'art découverts en nettoyant les sources, témoignent assez de la réputation et de la prospérité des thermes de Sail à cette époque déjà si reculée.

Cette réputation devait se perpétuer à travers les âges, et nous voyons, au seizième siècle, Sail-les-Bains jouir d'une splendeur que lui envieraient aujourd'hui les établissements les plus florissants. C'était le séjour favori des grandes dames de la cour d'Henri III. Anne d'Urfé, Honoré d'Urfé, le duc de Nemours, le maréchal de Saulx-Tavannes et bien d'autres grands seigneurs de cette époque s'y donnaient rendez-vous : rendez-vous d'affaires, rendez-vous de chasse, rendez-vous d'amour. C'était là que venait la belle Diane de Château-Morand ; c'était à la source d'Urfé qu'elle puisait cette éternelle jeunesse, cette fraîcheur, cette beauté que les années ne purent flétrir et qui inspirèrent aux deux Urfé cet amour profond qu'ils éprouvèrent pour elle. Les *Chroniques* d'Anne d'Urfé sont pleines de détails sur ce séjour enchanteur ; le chanoine de La Mure, puis les écrivains Barrère, de Raulin, Mérat, Delens, Duclos et tant d'autres, vantèrent, à la suite des uns des autres, les vertus et la puissance des eaux bienfaisantes de Sail-les-Bains.

Cependant des siècles s'étaient écoulés, et le temps qui modifie tout avait exigé des réformes et des améliorations, soit au point de vue de l'agencement des sources, soit au point de vue de l'agrément et des commodités des voyageurs et des malades.

En 1847, M. le comte du Hamel, propriétaire, songea donc à mettre son établissement en rapport avec les besoins et le luxe qu'exige la société moderne. D'immenses travaux furent entrepris ; de nouvelles sources furent découvertes et captées ; un parc immense fut créé ; un splendide jardin anglais se couvrit bientôt de charmilles touffues, de bouquets odorants, et se vit sillonné de bassins et de ruisseaux d'eau courante. Tout ce que réclame le besoin de confort de notre époque fut installé, et l'on put espérer qu'une prospérité nouvelle allait continuer celle qui, à travers les siècles passés, n'avait cessé qu'à de bien rares intervalles. Ces nouvelles améliorations ne devaient pourtant pas profiter à l'homme intelligent qui les avait faites : les circonstances politiques appelèrent M. le comte du Hamel sur un autre théâtre. Ceux qui lui succédèrent, non moins confiants dans l'avenir réservé aux eaux de Sail-les-Bains, construisirent alors un nouvel hôtel dont le luxe, l'élégance et les vastes proportions font l'admiration de tous les visiteurs. Aujourd'hui, une ère de grandeur et de prospérité commence pour Sail-les-Bains. Là où d'affreux chemins ne permettaient aux voyageurs d'arriver qu'après des difficultés sans nombre, passe une des grandes lignes de chemin de fer. Le désert est devenu un des lieux les plus fréquentés, et les malades, jadis cahotés durant des journées entières, sont aujourd'hui doucement déposés à quelques minutes de l'établissement thermal. De nouveaux travaux, des embellissements successifs et nombreux, conduits avec une rare intelligence, ont achevé de faire de ce lieu un véritable paradis terrestre.

Construit sur le penchant d'une colline, l'établissement thermal de Sail voit à ses pieds se dérouler une plaine immense toute couverte de prairies. Au premier plan, la vue s'arrête sur le village même de Sail, sur son église et sur son vieux donjon ruiné par le temps. C'est comme un massif dans la vallée. Plus loin, à droite et à gauche, et s'élargissant à mesure, deux collines mollement inclinées offrent aux regards les aspects les plus riches, les paysages les plus charmants, les plus variés. Une rivière traverse la vallée et la coupe de nombreuses sinuosités. De la terrasse du grand hôtel, on entend le bruit de ses eaux sortant des dernières gorges de la montagne et tombant en joyeuses cascades, pressées de venir se reposer un peu sous les ombres épaisses des grands arbres du parc et dans ses canaux aux rives verdoyantes et fleuries.

Rien n'égale la beauté de ce paysage admirable. Ce parc, ce jardin, capricieusement dessiné, où la main de l'homme ne s'est efforcée que de seconder la nature, offre des beautés et des charmes qu'aucune station thermale ne possédera jamais. Massifs de fleurs, grandes voûtes sombres, larges allées, sentiers étroits, prairies émaillées, collines dénudées, plaine douce et montagne escarpée, se rencontrent et se succèdent sous les pas et les regards du promeneur émerveillé. Non, rien n'égale la douceur d'une fraîche matinée sous ces grands arbres ou sur les rochers de la cascade; non, rien n'offre des charmes plus enivrants qu'une nuit d'été sur la terrasse du grand hôtel ou dans les allées du parc, au milieu des parfums, des fleurs, des aromes des sapins résineux, et des chansons des rossignols et des fauvettes cachés sous les buissons qu'habitent leurs couvées!

Nous avons dit que l'hôtel principal, fondé par les successeurs de M. le comte du Hamel, avait un aspect et des proportions monumentales. Rien de ce qui fait le confort des grands établissements n'a été oublié. Une grande partie des chambres jouissent d'une vue admirable sur le prolongement de la vallée, sur le parc, la rivière, les diverses sources et les promenades privilégiées des buveurs. Leur ameublement est d'une élégance et d'une commodité rares dans un hôtel. C'est plutôt un château de grand seigneur qu'un lieu public. Le salon surtout est d'une grandeur et d'une richesse incomparables.

Autrefois, la salle de billard, le fumoir et le salon de lecture des journaux se trouvaient dans le grand hôtel. C'était un inconvénient; car le bruit des conversations et du jeu et la fumée des cigares pouvaient gêner ceux qui désiraient se reposer ou qui craignaient l'odeur du tabac. Une des plus utiles améliorations entreprises par les propriétaires a donc consisté à transporter ces divers services à quelques pas du grand hôtel, dans un chalet à l'aspect élégant et gracieux, qui maintenant contient les salles de café, de billard, de jeu, de lecture de journaux, de fumoir, etc. Une liberté plus complète pour tous résulte de l'heureuse création de ce chalet.

Une bibliothèque bien fournie, les revues et les journaux les plus importants; les jeux de tout genre, boules, quilles, tonneaux; les exercices si salutaires, si hygiéniques de la gymnastique; les promenades les plus agréables, les douces émotions de la pêche : tels sont les plaisirs que Sail-les-Bains offre à ses baigneurs.

Outre les nombreux lieux de promenades, soit dans le parc, soit dans les bois de sapins et sur les bords sauvages et escarpés de la rivière, promenades si utiles aux convalescents, les environs de Sail offrent aux excursions les plus longues des buts toujours intéressants et instructifs. C'est Vichy où le chemin de fer peut vous transporter en une heure à peine; c'est Marcigny et les bords de la Loire; c'est la petite ville de Lapalisse; c'est le bourg d'Arfeuilles; c'est la ville de Roanne; c'est ce sombre château de la Lière où une poétique légende fait revenir l'âme du connétable de Bourbon; c'est le château Morand, un magnifique spécimen d'architecture renaissance, placé sur le sommet d'un monticule et dominant la plaine; c'est le château de la Motte, de la Salle; c'est l'église d'Ambierle, les ruines de la Bénissons-Dieu, la belle résidence de la famille de Lévy; c'est enfin le village d'Asnières, situé à quelques pas de Sail, et que le dévoûment de ses habitants a jadis illustré. C'était au temps de Charles VII; la Pucelle d'Orléans allait repousser les Anglais du territoire et faire sacrer son roi. Charles VII fit appel à tous les Français; le petit village d'Asnières répondit en masse et suivit Jeanne d'Arc dans presque toutes ses campagnes. Charles VII, victorieux, exempta d'impôts à perpétuité tous les braves soldats d'Asnières, et, jusqu'à la Révolution, les descendants de ces courageux défenseurs de la France conservèrent les immunités et le nom d'*Exempts d'Asnières*.

Des chevaux, des voitures, des ânes même parfaitement harnachés, sont à la disposition des baigneurs pour ces courses intéressantes, soit qu'on les exécute en caravanes joyeuses, soit qu'on les entreprenne isolément.

Sail offre donc tous les genres d'agréments à ses visiteurs, mais jusqu'ici nous n'avons parlé que des plaisirs; nous devons énumérer les qualités précieuses dont jouissent les eaux de Sail pour une foule de maladies.

Vue de l'intérieur de la Piscine.

SOURCES

Nul établissement thermal ne possède un aussi grand nombre de sources de qualités et de natures différentes :

Les unes sont *alcalines, mixtes, silicatées* (comme Plombières),

Les autres *alcalines, iodurées* (comme Evaux),

D'autres *sulfureuses,*

D'autres *ferro-manganiques.*

Rien n'est plus extraordinaire et plus précieux que la réunion de ces six sources en un même lieu.

La source du Hamel, placée sous une voûte large entourée de cabinets de douches et de bains, fournit, avec une grande abondance, une eau très limpide, d'une saveur légèrement alcalescente, et d'une odeur un peu aromatique. Sa température est de 34 degrés. « Elle alimente incessamment une piscine qui, selon M. le docteur Rimaud, n'a pas sa rivale, tant pour sa grandeur que sa bonne tenue. Elle forme un ovale immense ; des gradins sont établis au pourtour pour les enfants et les personnes qui restent en repos ; sa profondeur est d'un mètre cinquante centimètres, on peut donc y nager. Un tel exercice dans un bain minéralisé est extrêmement salutaire aux constitutions affaiblies. »

Cette piscine est assurément ce qu'il y a de plus remarquable à Sail comme agent thérapeutique. Tous les instruments que l'on voit installés dans les grandes bêches de la Seine et du Rhône se trouvent dans la piscine : ce sont des échelles de cordes, des trapèzes et autres agencements placés au-dessus de l'eau et qui permettent les exercices gymnastiques en même temps que le bain lui-même.

Ces bains peuvent suppléer en certains cas ceux de mer placés si loin de nous. On comprend sans peine que, dans une vaste piscine close comme celle de Sail, outre le bain, outre l'exercice de la natation, l'atmosphère puisse devenir un puissant adjuvant thérapeutique dans les affections de poitrine.

On aperçoit au sein de l'eau, remarquable par sa limpidité, des jets intermittents de gaz qui sortent du conduit par bulles assez grosses et qu'il est facile de recueillir. Ce gaz, soumis aux moyens eudiométriques connus, a fourni pour cent parties :

Acide carbonique, 2 à 3 centièmes.
Oxygène. . . . . . 1 à 1/2.
Azote. . . . . 97.

C'était donc de l'azote presque pur.

La source d'Urfé ne s'utilise qu'en boisson. Elle est aussi limpide, sans odeur sensible, légèrement alcalescente et salée, bi-carbonatée de chaux et de magnésie, avec des traces très sensibles d'iodure alcalin. Elle a près de 25° de chaleur.

La source des Romains a 27°. Elle est employée en boisson, en douches et en bains.

Une autre source analogue présente en plus un caractère sulfureux prononcé ; sa thermalité est de 23°.

Une cinquième est ferro-sulfureuse et s'emploie en boisson, douches et bains. Sa température est de 27°.

La sixième source est ferrugineuse et froide. La saveur de cette source est franchement atramentaire. L'eau en est limpide ; mais à l'air elle se couvre d'une pellicule irrisée.

On trouve donc aux thermes de Sail-les-Bains, dit les Château-Morand (qu'il ne faut pas confondre avec Sail-Sous-Couzan, dans le même département) des *eaux alcalines iodurées*, des *eaux sulfureuses chaudes* et une *source froide ferrugineuse*.

Les eaux thermales de Sail-les-Bains sont les seules eaux chaudes naturelles que possède le département de la Loire.

Analyse des diverses Sources

Par M. Ossian HENRY, père

SOURCE THERMALE DU HAMEL

TEMPÉRATURE, 34°

	gr.
Acide carbonique et azote.................................	peu
Silicates de soude et de potasse........................	0,1032
Bicarbonates de soude et de potasse (1)...............	0,0182
Sulfate de soude (anhydre)...............................	0,0800
Chlorure de sodium..	0,0903
Bicarbonates de chaux, de magnésie...................	0,1122
Iodure alcalin..	0,0030
Alumine et lithine silicatées (2) } Azotate et sesquioxyde de fer }	0,0100
Matière organique azotée (glairine) (3)..............	0,0070
Total..............	0,4539

SOURCE THERMALE D'URFÉ

TEMPÉRATURE, 26°,50

	gr.
Acide carbonique et azote.................................	peu
Silicates de soude et de potasse........................	0,1001
Bicarbonates de soude et de potasse...................	0,1357
Chlorure de sodium et de magnésium.................	0,0400
Sulfate de soude (anhydre)..............................	0,1440
Bicarbonates de chaux, de magnésie..................	0,0700

(1) Résultant de la nature même de la roche granitique.
(2) Produits probables aussi de la même roche.
(3) C'est par présomption que l'on assimile cette matière à la glairine.

— 16 —

Iodure alcalin... traces sensibles.
Alumine et lithine silicatées
Nitrate, peroxyde de fer } 0,0300
Matière organique azotée (glairine)

        Total.............. 0,5198

SOURCE THERMALE DES ROMAINS

Température, 27°

Acide carbonique et azote........................... petites quant.
                    gr.
Silicates de soude et de potasse.................... 0,0810
Bicarbonates de soude et de potasse............... 0,0490
Sulfate de soude (anhydre)........................... 0,0460
Chlorures de sodium et de magnésium............. 0,0720
Bicarbonates de chaux, de magnésie............... 0,1830
Iodure alcalin.. fort sensible.
Alumine et lithine silicatées
Nitrate, sesquioxyde de fer } 0,0300
Matière organique (glairine)

        Total.............. 0,4616

SOURCE THERMALE SULFUREUSE

Température, 23°

Acide carbonique et azote........................... petites quant.
                  centim. cubes.
Acide sulfhydrique..................................... 0,612
                   gr.
Silicates de soude et de potasse.................... 0,083
Bicarbonates de soude et de potasse............... 0,036
Sulfate de soude (anhydre)........................... 0,128
Chlorures de sodium et de magnésium............. 0,005
Bicarbonates de chaux et de magnésie............. 0,188
Alumine, lithine, nitrate, sesquioxyde de fer,
 matière organique } 0,025
Iodure alcalin.. 0,002

        Total.............. 0,557

SOURCE PERSIGNY THERMALE FERRO-SULFUREUSE

TEMPÉRATURE, 26°,40

Acide carbonique et azote...	peu
	centim. cub.
Acide sulfhydrique..	0,262
	gr.
Silicates de soude et de potasse................................	0,0890
Bicarbonates de soude et de potasse...........................	0,0350
Sulfate de soude (anhydre).......................................	0,0940
Chlorures de sodium et de magnésium........................	0,1200
Bicarbonates de chaux et de magnésie.........................	0,1260
Alumine et lithine silicatées /	0,0250
Sesquioxyde de fer, matière organique \	
Nitrate oxyde de fer...	0,0150
Iodure alcalin..	sensible.
Total........................	0,5040

SOURCE FROIDE BELLETY

TEMPÉRATURE, 11°

	lit.
Acide carbonique libre..	0,104
	gr.
Bicarbonate de chaux...	0,110
Bicarbonate de magnésie..	0,040
Sulfate de chaux \	
Alumine }..	0,050
Acide Silicique /	
Sel ammoniaque et sel de potasse.............................	Indices.
Chlorure alcalin...	0,012
Oxyde de fer (carbonaté) \ }.............................	0,078
Oxyde de fer (crenaté) /	
Manganèse..	traces
Matière organique...	0,045
(Accompagnant le fer et les autres produits)...............	traces
Total........................	0,335

Mode d'emploi

On admire ces eaux en boisson, bains, douches de toute espèce, ascendantes, vaginales, bains et douches de vapeur, inhalation et pulvérisation.

Une piscine, des plus spacieuses et des plus élégantes que nous ayons en France, permet de se livrer à l'exercice de la natation en pleine eau thermale.

On trouve donc, à Sail-les-Bains, des eaux *alcalines, iodurées, sulfureuses, ferrugineuses* et *ferro-manganiques*, administrées sous toutes les formes possibles.

Indications médicales.

1° L'arsenic excepté, toutes les maladies de la peau trouvent à Sail-les-Bains les principaux éléments spécifiques de leur curation (soufre, iode, fer, alcalins).

L'Eczéma, l'Herpès, l'Impetigo, l'Ecthyma, l'Acné, le Psoriosis, le Lupus, etc., etc., résistent rarement au traitement *composé* ou *mixte*, qui consiste à faire simultanément usage des diverses sources de l'établissement.

La Scrofule, le Lymphatisme, les Chloroses rebelles, les *Menstruations difficiles* y sont traités avec un égal succès;

2° La source *du Hamel*, qui alimente la piscine et les bains, possède les quatre qualités essentielles suivantes :

      1° Température, 34° c.,
      2° Faible minéralisation,
      3° Dégagement de gaz azote,
      4° Matières onctueuses ou glairine.

Chacun de ses éléments constitue un agent efficace pour tempérer le système nerveux et sanguin ; et la nature, en les réunissant tous les quatre dans une même source, nous offre dans l'eau du Hamel un des types les plus classiques et les plus puissants *d'action sédative et calmante.*

Aussi les manifestations morbides du système nervenx, quelles qu'en soient la force et la dépendance, sont-elles apaisées à Sail-les-Bains dit les Château-Morand.

Les Névralgies, les Rhumatismes dits nerveux, les démangeaisons du Lichen, du Prurigo, les Fissures à l'anus, les douleurs du Zona, les désordres hystériformes, les Névropathies, les accidents nerveux symptomatiques eux-mêmes des affections cérébro-spinales du foie, de l'utérus, etc., etc., y éprouvent un temps de rémission et de soulagement ;

3° Les eaux alcalines faiblement minéralisées de Sail-les-Bains remplacent avec avantage les eaux de Vichy, de Pougues, de Contrexeville, etc., etc., dans *les affections de l'estomac, du foie, de l'intestin, des reins, de la vessie, des voies respiratoires,* qui s'accompagnent d'excitation générale et de susceptibilité locale trop prononcées.

Nous ne saurions passer sous silence le traitement *spécial* pour les enfants, en particulier pour ceux qui sont d'une nature nerveuse, délicate, chez lesquels la vie semble se porter presque exclusivement sur le système nerveux en y amenant toutes sortes de désordres, de l'épuisement, de l'affaiblissement, de l'amaigrissement, etc.

Pour ces petits êtres, où il y a presque une perdition de l'élément nerveux, les eaux de Sail-les-Bains agissent d'une manière merveilleuse. On dirait que la nature, en mère prévoyante, s'est plu à réunir, dans le même lieu, les ressources nécessaires au développement de ces enfants, développement qui chez eux ne se fait pas, ou au moins très-lentement, faute d'un élan de vitalité imprimé à leur organisme, ou faute d'équilibre dans les différents systèmes.

Et pendant que l'on obtient chez eux, au moyen de ces eaux, une excitation, un redoublement de fonctions dans tous les organes, on a recours en même temps : à la natation en pleine eau thermale, aux exercices gymnastiques, à un traitement hydrothérapique, afin de rétablir une harmonie parfaite dans toutes les grandes fonctions de l'économie, et d'obtenir cette réaction extérieure si favorable et si utile, qui fait, de cette excitation interne, une excitation purement physiologique, dont le résultat est de développer et de fortifier en même temps l'enfant.

Il en est de même pour les enfants scrofuleux, lymphatiques, chez ceux également où les fonctions si importantes de la peau ne se font pas ou presque pas; de même aussi chez la femme épuisée, nerveuse, dont l'état est une véritable névropathie générale.

Ajoutons que les suites de certaines maladies de l'enfance, *Coqueluche, Bronchite, Broncho-pneumonie*, etc., etc., qui ont laissé dans les poumons de légers désordres, sont parfaitement combattues par l'inhalation et la pulvérisation de l'eau de la source sulfureuse.

On vient d'ajouter à l'établissement une magnifique salle hydrothérapique, destinée aux enfants et aux femmes, et cela précisément parce que l'on se sert pour ce traitement des eaux thermales, dont la température et la composition conviennent sous tous les rapports. On y trouve également une belle rotonde, où est établi un gymnase parfaitement agencé.

TARIFS DES HOTELS ET RESTAURANTS

L'Établissement est ouvert du 15 mai au 1er octobre.

Par exception pour l'année 1879 il n'ouvrira que le 1er juin.

Le prix de la chambre varie depuis 2 fr. jusqu'à 3 50 par jour, 50 cent. en plus pour le service.

Une chambre à deux lits est moins chère que deux chambres.

Toutes les chambres ont le confortable nécessaire.

Le prix de la nourriture à table d'hôte, dans les restaurants, se traite de gré à gré; le minimum pour la table d'hôte du grand hôtel est fixé à 7 francs par jour.

On peut se faire servir à la carte.

L'entrée du salon, la lecture des journaux et des livres de la bibliothèque sont gratuites.

Les jeux de billard, de tonneaux, de boules, etc., sont gratuits.

Les jeux de cartes seuls doivent être payés.

Il n'est rien dû aux employés pour le service de l'hôtel et des restaurants.

TARIF DES BAINS

De la vente et de l'expédition des eaux en bouteilles

Aucune rétribution n'est due aux employés pour le service des bains.

La durée des bains est réglementairement d'une heure 15 minutes, y compris le temps nécessaire pour la toilette.

Les douches durent 15 minutes. Au delà, les bains et les douches sont payés double.

PRIX

Ces prix peuvent être modifiés par un tableau-tarif du Directeur, à la portée du public.)

Bain minéral	1 fr. 50
Bain avec douche en baignoire.	2 25
Bain d'eau douce.	0 75
Bain de vapeur	2 50
Douche ordinaire.	1 75
Grande douche à percussion	2 50
Douche ascendante.	0 75
Douche circulaire, pluie	1 25
Douche vaginale.	1 00
Bain de piscine	2 00
Caleçon de piscine.	0 10
Costume de piscine pour femme . . .	0 60
Fond de bain	0 40
Peignoir. . . , ... , ...	0 25
Serviette	0 10
Bain à domicile	1 en plus
Transport en chaise à porteurs aux établissements et retour	1 en plus

La buvette des sources se paye à raison de 8 fr. par personne pour toute la saison (pour les personnes logées dans l'Établissement).

Les personnes logées hors de l'Établissement ne peuvent y entrer pour boire aux sources sans une carte de saison personnelle.

Les indigents sont admis à des heures particulières et sur des cartes gratuites délivrées par le médecin inspecteur.

Les eaux s'expédient par caisses de 25 et de 50 bouteilles.

    Une caisse de 25 bouteilles. . . 13 fr.
    Une caisse de 50 bouteilles. . . 25 fr.

Les frais de transport sont à la charge du destinaire, ainsi que les frais de retour d'argent.

AUTEURS QUI ONT PARLÉ DES EAUX-DE-SAIL

Les Chroniques du Forez.
Les Chroniques d'Anne d'Urfé.
Le chanoine de La Mure.
Barrère.
De Raulin.
Mérat.
Delens.
Duclos.
Dr Richard de Laprade (1778).
Dr Merle, des Isles de Moulins.
Rimaud.
Ossian Henry père, membre de l'Académie de médecine
    et chef de ses travaux chimiques.
Dr Barthez, de Vichy.
Dr Barbier, de Vichy.
Dr Berthier, de Bourg.
Journal de l'*Illustration* (5 Juin 1847).
Journal de pharmacie et de Chimie, de Paris (1851).
La Revue des Eaux de Vichy.
L'Association médicale, journal de Paris.
Revue d'Hydrologie médicale, par le docteur Robert.
Essai sur les eaux thermales de Sail-les-Bains dit les
    Château-Morand, par le Dr F. Hugues, de Nice.

www.ingramcontent.com/pod-product-compliance
Lightning Source LLC
Chambersburg PA
CBHW070455080426
42451CB00025B/2742